Liebe Eltern,

jedes Kind ist anders. Eines kennt bereits alle Buchstaben in der Vorschule und kann sie zu Wörtern formen. Ein anderes lernt das Abc beim Eintritt in die Schule. Für das spätere Leseverhalten ist das völlig unerheblich. Wichtig aber ist der Spaß am Lesen – und zwar von Anfang an. Darum muss sich die konzeptionelle Entwicklung von Lesetexten an den unterschiedlichen Lernentwicklungen der Kinder orientieren. Unser Bücherbär-Erstleseprogramm umfasst deshalb verschiedene Reihen für die Vorschule und die ersten beiden Schulklassen. Sie bauen aufeinander auf und holen die Kinder dort ab, wo sie sind. So wird der Lernprozess auch für den fortgeschrittenen Erstleser leichter und die Freude am Lesen hält ein Leben lang.

Die Bücherbär-Reihe **_Kurze Geschichten_** richtet sich an Leseanfänger in der 2. Klasse.

Volkmar Röhrig
Baumhausgeschichten

Dieses Buch gehört:

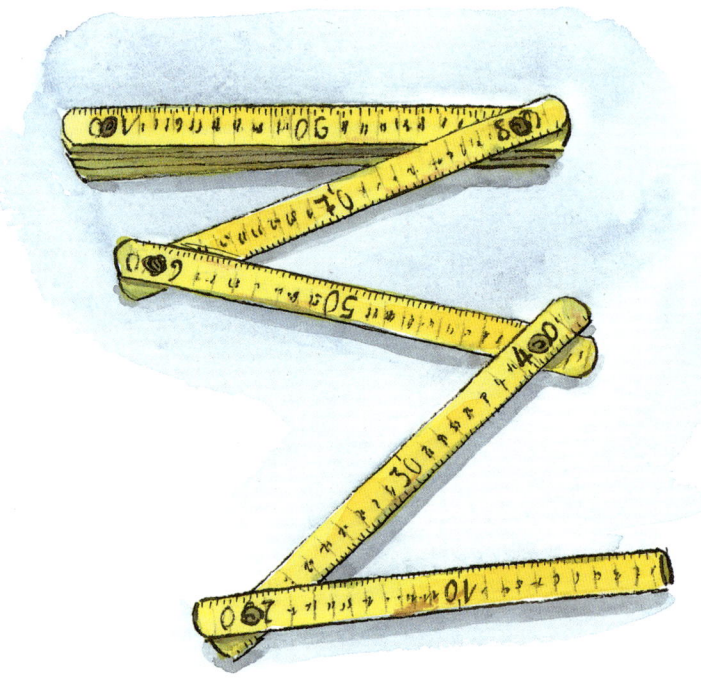

Volkmar Röhrig,
geboren 1952 in Lützen, studierte Germanistik und
Kulturwissenschaft, arbeitete u. a. als Hörspieldramaturg,
Regieassistent und Lektor. Heute betreibt er eine PR-Agentur und
schreibt erfolgreich Hörspiele sowie Kinder- und Jugendbücher.
Er lebt in Leipzig und Mainstockheim.

Heike Wiechmann
wurde 1963 in Travemünde geboren. Schon als Kind liebte sie
Farben, Pinsel und Papier. Seit dem Studium an der Fachhochschule
für Gestaltung in Hamburg illustriert sie Bücher für Kinder,
entwirft Spielzeug und unterrichtet Zeichnen. Sie lebt mit
ihrer Familie in Lübeck.

Volkmar Röhrig

Baumhausgeschichten

Mit farbigen Bildern von Heike Wiechmann

Arena

3. Auflage 2016
© Arena Verlag GmbH, Würzburg 2009
Alle Rechte vorbehalten
Einband und Illustrationen: Heike Wiechmann
Gesamtherstellung: Westermann Druck Zwickau GmbH
ISBN 978-3-401-70079-3
www.arena-verlag.de

Inhalt

Emma, Jan
und das fliegende Baumhaus

Emma hat knallrote Haare. Und ein grünes
Fahrrad. Aber das stimmt nicht ganz. Denn
ihr Fahrrad ist nicht einfach nur grün. Nein,
es ist das giftigste Monstergiftgrün, das
man sich überhaupt vorstellen kann.
Vorn am Fahrrad ist eine riesengroße
Hupe. Wenn sie die drückt, fallen die
Spatzen vor Schreck von den Bäumen.
Und hinten am Fahrrad flattert ein echter
Fuchsschwanz. Wenn sie damit die
Dorfstraße langsaust, flüchten die Katzen
ängstlich links und rechts hinter die Zäune.
„Den Schwanz hab ich einem Fuchs im
Wald selbst abgeschnitten!", sagt Emma
stolz. Und niemand weiß, ob sie flunkert
oder ob das wahr ist.

„Kind, was soll bloß aus dir werden!", sagen manchmal die Eltern oder die Lehrer.

Dann lacht Emma und sagt: „Ich bin schon was, ich bin Emma!"

Aber es gibt auch Leute, die sagen: „Wartet nur, die wird bestimmt mal eine richtige Hexe!"

Überhaupt erzählen sich die Leute im Dorf komische Geschichten. Angeblich hat ein Hund auf der Straße plötzlich zu humpeln angefangen, bloß weil Emma ihn angeguckt hat. Oder in einem Garten ist die Wäsche von der Leine gefallen, weil Emma gerade mit ihrem monstergiftgrünen Rad vorbeigefahren ist. Oder die Sache mit der dicken Fleischerin Frau Lehmann. Die hat nämlich Emma geohrfeigt, weil sie einen Wurstzipfel für Simsalabim gemopst hatte. Ihr wollt wissen, wer Simsalabim ist?

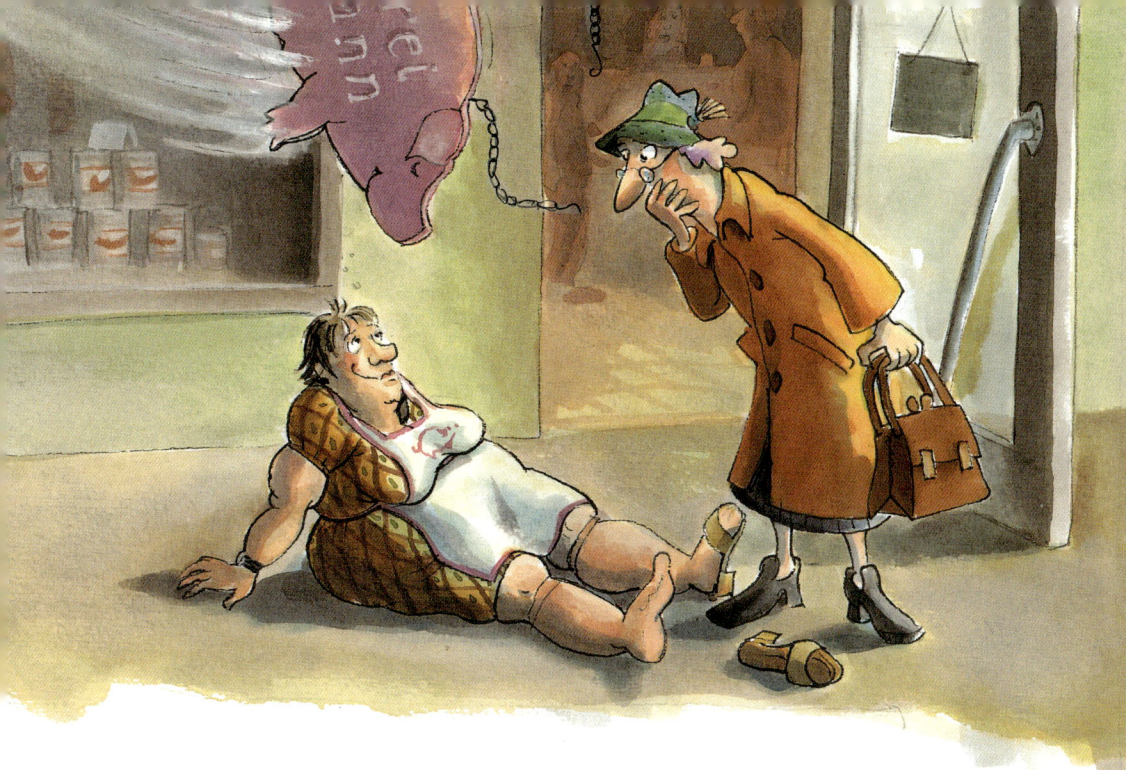

Verrate ich gleich nach der Geschichte
mit Frau Lehmann. Zwei Tage nach der
hundsgemeinen Ohrfeige ist das große,
schwere Fleischereischild vorm Laden
heruntergekracht und der dicken Frau
Lehmann auf den Kopf gefallen. Seither
sitzt sie mit einer Pudelmütze auf dem Kopf
vor ihrem Geschäft und singt: „So ein Tag,
so wunderschön wie heute . . ."

Dazu isst sie mindestens zwanzig
Würstchen und wird garantiert bald platzen.
Emma hat einen Dackel, der heißt
Simsalabim. Für den war also der geklaute
Wurstzipfel. Emma hat auch im Garten ein
Baumhaus. Fast täglich sitzt sie da hoch
oben und guckt mit einem Fernglas in die
Welt.
Und das macht sie genau jetzt.

Und was sieht sie?

Da fährt ein Auto von der Autobahn herunter. Es fährt auf die Straße zum Dorf. Es ist rot, Emma kennt es. Denn das Auto war schon mal hier. Da hat es gleich nebenan geparkt bei Oma und Opa Fischer. Die sind wirklich lieb und schenken dem Dackel Simsalabim manchmal einen Schweinsknochen. Deswegen ist Oma Fischer noch nie was auf den Kopf gefallen oder ihre Wäsche auch nicht von der Leine.

Emma verfolgt mit dem Fernglas das Auto bis vor die Haustür von Opa und Oma Fischer. Es hält, und Herr Fischer steigt aus. Das ist der Sohn von Opa und Oma. Dann steigt seine Frau aus. Und dann geht die hintere Tür auf, und plötzlich steht Jan auf der Straße.

„Oh!", sagt Emma erstaunt. Denn Jan ist seit letztem Jahr richtig groß geworden, der ist jetzt bestimmt schon zehn oder elf. Und er hat einen tollen Haarschnitt, nicht mehr so rappelkurz wie früher. Überhaupt sieht er viel, viel besser aus als alle Jungs aus dem Dorf, denkt Emma.

Am nächsten Morgen sitzt Emma schon wieder ganz früh im Baumhaus und guckt. Es sind nämlich Ferien. Da geht das.
Sie sieht, wie Herr und Frau Fischer und Jan aus dem Haus kommen, wie Opa und Oma ihnen folgen. Sie sieht, wie die Eltern von Jan ins Auto steigen, wie Jan und die Großeltern winken. Dann hupt das Auto noch mal und fährt davon.
Aber Emma guckt nicht dem Auto nach, sondern beobachtet Jan.

Das Auto ist noch nicht mal auf der
Autobahn, da steht Emma schon nebenan
am Zaun und klingelt.

Jan erscheint in der Tür. Tatsächlich ist er
gewachsen. Tatsächlich hat er einen ganz
neuen Haarschnitt. Fast sieht er
aus wie dieser englische
Teenie-Star, der so toll
singen kann, dessen
Namen Emma aber
immer wieder vergisst.
„Hallo, Jan!", sagt
Emma. „Hast du
Langeweile? Wollen
wir spielen? Wenn du
willst, kannst du mit
meinem Rad fahren
oder mit Simsalabim
um die Wette laufen."

Von diesem Tag an klingelt Emma jeden Morgen bei Jan. „Was ist denn mit dir los?", wundert sich Emmas Mama.

Da kaut Emma noch an dem Brötchen, aber ist schon an der Haustür. „Jan wartet. Der ist ganz komisch, wenn ich nicht gleich komme."

Mama schmunzelt und sagt: „Ach so?"

Und nebenan schlingt Jan gerade seine Schnitte herunter. „Junge, du musst in Ruhe frühstücken!", sagen Opa und Oma.

„Jaja!", sagt Jan kauend. „Emma wartet doch!"

Opa und Oma schmunzeln und sagen: „Ach so?"

Sie fahren zusammen Rad. Das heißt, Jan darf fahren, und Emma setzt sich hinten auf den Gepäckträger.

Da hält sie sich immer ganz doll bei Jan fest. Das ist schon irgendwie komisch, denkt der. Simsalabim rennt vorneweg auf der Dorfstraße und jagt alle Katzen fort. Manchmal gucken sie zusammen einen Film. Oder Emma zeigt ihm ihre Bücher. Auch streifen sie oft durch den Wald. Nur den Fuchs ohne Schwanz sehen sie nie. Meistens aber sitzen sie im Baumhaus und gucken in die Welt.

Eines Tages sagt Jan: „Heute kommen
meine Eltern und holen mich ab."
„Mist", murmelt Emma, „dass die Schule
schon wieder losgeht."
„Stimmt!", sagt Jan.
„Kommst du mal wieder?", fragt Emma.
„Hm", meint Jan. „Wenn du willst."
„Ja", sagt Emma. Und dann sagen sie
beide eine ganze Zeit lang nichts.
Und plötzlich springt Emma hoch, umarmt
Jan und gibt ihm einen dicken Schmatz auf
die Wange.
Jan verliert das Gleichgewicht. Deswegen
halten sie sich aneinander fest, wirklich nur

deswegen! Und kullern so beide auf dem
Boden herum.

Ja, das ganze Baumhaus kullert plötzlich
mit. Es wackelt und rappelt, und dann
scheint es tatsächlich zu fliegen.

Es fliegt über Emmas Haus und auch über
das von Opa und Oma Fischer. Hoch und
runter und links und rechts schwebt es.
Danach die Straße entlang und hinaus aus
dem Dorf und über die Autobahn hin. Viel
schneller als der schnellste Autobahnflitzer
jagen sie durch die Luft. Bestimmt auch noch
schneller als der schnellste Düsenjet. Hoch
in den Himmel und weiter und weiter.

Plötzlich hupt ein Auto. Rasend schnell jagt das Baumhaus zurück, keine Sekunde vergeht, da steht es wieder im Baum und in Emmas Garten.

„Hallo, Jan!", ruft Jans Mutter auf der Straße. „Wir sind da!"

Emma und Jan fahren erschrocken hoch und setzen sich hin.

„Dein Gesicht ist ganz rot", sagt Emma.

„Hm", nuschelt Jan. „Deine Haare haben abgefärbt. Kommst du mit runter?"

Emma nickt.

„Warte mal", sagt sie und reißt sich plötzlich ein paar Haare aus.

Jan erschrickt.

„Das tut doch weh!"

„Nö", sagt Emma und drückt ihm die Haarsträhne in die Hand. „Jetzt kommst du wieder!"

Das ist also Emma: das Mädchen mit den
knallroten Haaren, mit dem
monstergiftgrünen Rad, mit Simsalabim
und dem Baumhaus.
Irgendwann auf der Autobahn fragt Jan:
„Glaubt ihr, dass ein Baumhaus richtig
fliegen kann?"
Die Eltern sehen sich an und lachen.

Mama drückt Papas Hand, und beide
sagen sie gleichzeitig: „Aber natürlich!"
„Ich glaub's auch", murmelt Jan und fühlt
plötzlich, wie sein Gesicht ganz rot wird.
Genau so rot wie Emmas Haare.

Ein furchtbar langweiliges Wochenende

Benjamin schleicht ins Wohnzimmer. Er hat seine Fußballsachen vom FC Bayern München an.

Er hockt sich vor den Fernseher, zappt eine Weile, aber es ist langweilig.

Wenn er jetzt zu Hause wäre, könnte er mit seinen Freunden Fußball spielen. Oder mit dem Fahrrad zum Stadion fahren und gucken.

Aber er ist nicht zu Hause, das ganze Wochenende nicht. Benjamin ist nämlich auf dem Dorf! Hinterm Haus hämmern und sägen Opa und Papa. Sie reparieren Opas alten Gartenzaun. Oma und Mama backen in der Küche Kuchen.

Plötzlich kommt Papa ins Zimmer. „Benny, wieso spielst du nicht mit den anderen auf dem Sportplatz?", fragt er erstaunt.

Benjamin murmelt: „Keine Lust mehr."

Papa wundert sich. „Aber du hast extra deine Fußballsachen mitgenommen."

„Na und!", sagt Benjamin trotzig und geht zum Fenster. Er will nicht, dass Papa seine Tränen sieht.

Hinter Opas Zaun liegt eine Wiese, gleich dahinter beginnt der Sportplatz. Dort spielen die Jungs aus dem Dorf.

Papa legt Benny die Hand auf die Schulter.

26

„He, ist was passiert?", fragt er.

Benjamin schnauft: „Die sind doof! Die
spielen mit keinem FC-Bayern-München-
Fan, sagen sie!" Dabei wischt er sich mit
dem Handrücken über Nase und Augen.
Papa guckt nachdenklich aus dem Fenster
und fragt: „Soll ich rübergehen und ein
paar Kopfnüsse verteilen?"

Benjamin lacht. „Jaaa! Machst du's?"
Papa lacht auch. „Klar, wir machen was!"
Papa flüstert mit Opa. Dabei zeigt er zum
Sportplatz und auf die große Kastanie am
Zaun. Dann verschwindet er im Schuppen.
Benjamin wartet gespannt.
„Jaja, Benny, den Kastanienbaum habe ich

gepflanzt, als dein Vater geboren wurde",
sagt Opa stolz. „Später haben wir dort eine
Schaukel aufgehängt. Leider gibt's die nicht
mehr."

„Alles klar", brummt Benjamin gelangweilt.
Opa hat das schon so oft erzählt: wie der
Baum gewachsen ist. Wie Papa beim
Klettern herunterfiel und sich den Arm brach.
Wie Papa später hier Mama das erste Mal
geküsst hat und noch solche Sachen.
Krach! macht es plötzlich. Benjamin
erschrickt. Papa hat Bretter auf den Boden
geworfen. Dann zwinkert er und fragt: „Na,
was bauen wir?"
Benjamin schnauft empört. „Ich will keine
Schaukel! Ich bin kein Baby mehr!"
Opa lacht, zeigt auf einen Ast am Baum und
fragt Papa: „Wollen wir da den Boden
auflegen?"

Papa schüttelt den Kopf.

„Wir bauen das Haus höher, dann kann man bis zum Horizont gucken. Was meinst du, Benny?"

„Haus, äh . . . Fenster?", stottert Benjamin überrascht. „Etwa ein Baumhaus?"

Benjamin trägt Bretter, Papa holt Balken. Opa lehnt eine lange Leiter an den Baum. Doch die ist zu kurz, sie reicht nur bis zum ersten dicken Ast.

Papa schüttelt den Kopf.

„Wir können doch nicht wie die Affen klettern. Außerdem will ich mir nicht noch mal den Arm brechen!"

Benjamin fragt erschrocken: „Können wir das Baumhaus nicht bauen?"

„Moment!", sagt Opa. „Ich rufe meinen Freund Theo an!"

Wenige Minuten später tönt ein lautes
Tatütata auf der Straße.
Oma und Mama kommen aus dem Haus
und fragen aufgeregt: „Wo brennt es
denn?"

Opa sagt lachend: „Hier bei uns!"
Da rollt ein Feuerwehrauto mit einer langen
Leiter durch die Toreinfahrt und hält. Aus
dem Fahrerhaus winkt ein Mann.

„Prima, Theo, dass du uns hilfst", ruft Opa.
„Alles klar!", sagt Theo. „Ich habe auch
gleich den Franz mitgebracht."
Im selben Augenblick fährt noch ein großes
Kranauto auf den Hof.

Das Feuerwehrsignal lockt die Jungs vom
Sportplatz über die Wiese. Nun stehen sie
neugierig am Zaun. „Ist das eine Übung?",
fragt einer. „Wird jetzt gelöscht?"
„Nein", sagt Opa. „Wir bauen nur ein
Baumhaus."
„Ein Baumhaus? Ein richtiges Baumhaus?
Mit dem Kran? Mit der Feuerwehrleiter?",
rufen die Jungs durcheinander. „Dürfen wir
mitbauen?"
Papa zuckt mit den Schultern. „Tja!", sagt
er. „Da müsst ihr den fragen, dem das
Haus dann gehört."

Alle gucken Benny an. Der wird ganz rot im Gesicht und weiß nicht, was er sagen soll.

„Du . . . Benny", stottert einer der Jungs. „Vorhin auf dem Sportplatz . . . das war doof."

„Stimmt!", sagt ein anderer. „Ist doch egal, für welche Mannschaft man ist, oder?"

Da quiekt der kleinste der Jungs:
„Trotzdem werden die Bayern dieses Jahr
nicht Meister!"
Benjamin schnauft: „Wart's ab,
Dreikäsehoch!"
Papa tippt Benjamin auf die Schulter. „Sag
was zum Baumhaus."
Da knurrt Benjamin: „Na, wenn ihr
unbedingt mitmachen wollt . . ."
Sofort johlen und schreien die Jungs wie
wild durcheinander.
Die Leiter des Feuerwehrautos reicht bis in
den Wipfel der Kastanie. Einige Jungs
tragen Bretter heran, der Kran hebt alle
nach oben. Dort baut Papa erst den Boden,
dann das Gerüst für die Wände. Andere
Jungs basteln mit Opa eine Strickleiter.
Benjamin hat eine lange Stange gefunden.
Da kommt eine Fahne dran.

Später bringt Mama frisch gebackenen
Kuchen, Kaffee und Saft für alle.
Am Abend liegt Benjamin im Bett. Er freut
sich auf den nächsten Tag, auf das
Weiterbauen, die Jungs. Und wenn die
Bayern mal nicht Meister werden, denkt er
vorm Einschlafen noch, ist das auch nicht so
schlimm.

Das ist unser Baumhaus!

Sofie umklammert Annas Hand und
flüstert: „Hast du auch Angst?"
Ringsum rascheln die Blätter im Baum.
Plötzlich knacken Äste auf dem Boden.
Das sind Schritte!
„Pst!", zischt Anna. „Sie kommen!" Anna ist
schon zehn Jahre alt, ihre kleine Schwester
erst sieben. Ihr Herz klopft auch furchtbar
aufgeregt. Aber dennoch umarmt sie Sofie
und flüstert: „Du musst keine Angst haben.
Wir sind doch stark!"
Die Schwestern sitzen in ihrem Baumhaus
hoch oben in einer Buche am Waldrand. Es
ist ein schönes Baumhaus mit Fenstern
und Sitzbänken, mit Gardinen und vielem
anderen noch. Und mit einer langen Leiter
hinauf. Sie haben es mit Papa gebaut.

36

Irgendwann waren dann die Jungs da.

Das sind Angeber. Die wollen nicht spielen.

Die wollen das Baumhaus.

„Baut euch selber eins, unseres kriegt ihr
nicht", hat Anna gesagt.

„Wir kommen wieder!", haben die Jungs
gedroht.

Nun warten die Mädchen im Baumhaus.

Neben ihnen liegen pralle bunte
Luftballons und ein paar volle Tüten.

Auch Tomaten und Eier. Außerdem ein Kopfkissen und ein Fotoapparat.

Sie warten und lauschen. Sie hören das Knacken der Äste, die nahenden Schritte im Wald.

Drei Jungen schleichen heran.

„Und wenn die Mädchen im Baumhaus sind?", flüstert der erste.

„Wir jagen sie raus", zischt der zweite.

„Dann gehört es uns!"

„Ich weiß nicht . . .", sagt der dritte zögernd.

Der zweite Junge knurrt wütend. „Ihr wollt doch ein Baumhaus, oder?"

Oben im Baumhaus schmiegt sich Sofie an ihre große Schwester.

Unten nähern sich geduckt die Jungs.

Anna drückt Sofie.

„Die werden sich gleich wundern!"

„Angriff!", schreit der zweite
Junge und stürmt zur Leiter.
Er springt auf die erste Sprosse,
die zweite, die dritte, die vierte.
„Das Baumhaus gehört
uns!", ruft er siegessicher.
Plötzlich bricht eine
Sprosse. Er rutscht ab
und hängt ratlos in der
Leiter.
Anna ruft: „Ätsch,
die Sprosse war
angesägt!"

„Helft mir!", jammert der Junge. Die beiden anderen ziehen an seinen Beinen. Doch da bricht der Boden unter ihren Füßen ein. Wumm! fallen sie schreiend in ein Loch.

„Ätsch, das ist die Fallgrube!", ruft Sofie.

Und Anna sagt: „Schnell, jetzt die Wasserbomben!"

Nun werfen sie die Luftballons runter. Die sind prallvoll mit Wasser. Sie zerplatzen an der Leiter. Sie klatschen auf die Köpfe der Jungs und machen sie pitschnass.

„Igitt!", schreien alle. „Das ist gemein!"

Aber Sofie lacht. „Achtung, nächste Überraschung!"

Nun fliegen die Tüten hinunter: voll mit Mehl, Zucker und Gips. Auch sie zerplatzen. Das macht mit dem Wasser eine glitschige Pampe! Die klebt in den Haaren, auf den Gesichtern, überall.

Die Jungs jammern und toben. Die zwei
versuchen, aus dem Loch zu klettern. Der
dritte zappelt sich aus der Leiter und fällt
neben die Grube. Er hilft den beiden
anderen, hinauszuklettern.
Anna reißt das Kopfkissen auf. „Achtung!
Jetzt kommt Frau Holle!"
Da fliegen Tausende Federn hinab.

„Weg, weg!", schreien die Jungs.

Sofie ruft: „He, guckt mal!"

Die Jungs drehen sich um. Sie sind über und über mit Pampe und Federn verklebt.

„Bitte lächeln!", ruft Sofie, und ihr Fotoapparat macht klick, klick, klick.

„So", ruft Anna. „Wenn ihr noch mal angreift oder uns etwas tut, sind eure Fotos in allen Zeitungen. Dann seid ihr auf ewig blamiert!"

Mit hängenden Köpfen und stumm trotten die Jungs davon.

„Siehst du, wie stark wir sind?", sagt Anna. „Wir haben unser Baumhaus verteidigt."

„Ja", antwortet Sofie lachend, „aber ich habe kein Kopfkissen mehr."

Ein Freund für Bastian

Als Bastian erwacht, ist es
Samstagmorgen. Die Sonne scheint
in sein Zimmer, auf das Bett, die Poster an
der Wand, die Bücher im Regal. Aber nicht
die Sonne hat ihn geweckt, sondern die
Eltern. Die streiten mal wieder laut im
Schlafzimmer.

Plötzlich hat Bastian eine Idee. Er steht auf und zieht sich an. Dann packt er in seinen Rucksack eine Wäscheleine, einen Hammer, eine Säge, eine Kneifzange und Nägel. Zwei Brötchen steckt er noch ein, ein paar Wiener und eine Flasche Saft. Auch ein Taschenmesser und sein Lieblingsbuch „Das große Lexikon der Technik" nimmt er mit. Schließlich öffnet er leise die Wohnungstür.

Er fährt mit der Linie 11 bis zur Endstation, steigt aus und läuft an grauen Häusern vorbei. Aus den Fenstern tönen Worte und Musik, aber Bastian versteht die Sprachen nicht. Ein Junge tritt aus einem der Häuser und mustert ihn stumm. Bastian läuft schnell weiter. Gleich hinter der Siedlung beginnt der Wald.

Zuerst wachsen hier schlanke Birken.

Bald aber werden die Bäume größer, und
der Wald wird dunkel und dichter. An einer
Stelle jedoch lichtet er sich, und eine
Wiese breitet sich aus.
Hier hat Bastian mit Papa oft Pilze gesucht.
Hier hat Papa auch vor Wochen gefragt:
„Wollen wir ein Baumhaus bauen?"

Bastian hat damals vor Freude im Gras einen Purzelbaum geschlagen. Nun aber streiten sich die Eltern. Und Bastian hat nicht mehr nach dem Baumhaus gefragt. Am Rand der Lichtung findet er die Eiche, die Papa ausgesucht hat. Sie hat einen mächtigen Stamm und kräftige Astgabeln. Bastian legt den Rucksack ab. Dann sucht er nach stabilen Ästen.

„Für den Boden brauchen wir etwa zwanzig", hat Papa gesagt.

Papa ist nicht hier, denkt Bastian, also baue ich das Haus eben allein.

Als die Sonne über der Lichtung steht, ist der Boden fertig. Bastian sitzt hoch in der Eiche. Am linken Daumen brennt eine kleine Blutblase, die ist vom Hammer. Aber das ist nicht schlimm. Glücklich isst Bastian die Wiener und trinkt den Saft.

Plötzlich hört er ein Rascheln am
Waldboden. Kommt da jemand?

Bastian lauscht, guckt sich um, sieht aber
niemanden. Wahrscheinlich ist es nur ein
Hase, mehr nicht.
Später packt er die Werkzeuge in einen
Beutel, auch sein Buch und das Messer.
Alles versteckt er in einer Astgabel unter
dichtem Laub.

Als Bastian nach Hause kommt, ist die Wohnung leer. Auf dem Küchentisch liegt ein Zettel von Mama: „Lieber Basti. Bin bei Oma. Pizza ist im Kühlschrank."

Bastian wärmt die Pizza auf und schaltet den Fernseher an.

Bald aber wird er müde, geht in sein Zimmer und schläft schnell ein.

Am Sonntagmorgen scheint wieder die Sonne, auf die Poster, die Bücher, das Bett.

Bastian lauscht, aber im Schlafzimmer ist es still. Leise zieht er sich an. Auf einen Zettel schreibt er: „Ich baue ein Baumhaus im Wald!"

Er überlegt, ob er an der Schlafzimmertür klopfen soll. Doch er lässt es. Es ist so schön still.

Wieder fährt Bastian mit der Linie 11, läuft

an der Siedlung vorbei und durch den Wald
bis zur Lichtung.
Dort erschrickt er. An seinem Baumhaus
hängt eine Strickleiter. Die ist aus seiner
Wäscheleine!
Er klettert hinauf und findet die nächste
Überraschung: Auf dem Boden seines
Baumhauses liegen Bretter.

Die sind festgenagelt, glatt und stabil. Sein
Beutel ist da und alles noch drin.
Bastian ahnt sofort, wer hier gebaut hat.
Froh rennt er ganz schnell nach Hause.
„Tut mir leid. Aber dein Vater ist gestern
nach Hamburg gefahren", sagt Mama
traurig. Sie sitzt am Wohnzimmertisch und
hat noch den Morgenmantel an. Ihre Haare
sind ganz verstrubbelt.
„Ihr seid so gemein!", schreit Bastian, rennt
in sein Zimmer und wirft sich aufs Bett.
Drei Tage bleibt er in seinem Zimmer.
Dann fährt er wieder zum Baumhaus.

Die Strickleiter hängt herab. Bastian klettert hinauf und staunt. Das Haus hat jetzt schon eine Rückwand und ein Dach, auch aus Brettern, richtig stabil. Alles ist ordentlich zusammengenagelt. Wer hat das gebaut, und warum?

Er sucht seinen Beutel und findet ihn in einer Astgabel. Das Werkzeug und das Messer sind noch da. Doch sein Buch „Das große Lexikon der Technik" fehlt. Bastian überlegt. Bestimmt hat derjenige, der hier gebaut hat, sein Buch mitgenommen. Will der ihm auch noch sein Baumhaus wegnehmen?

Plötzlich hört er Schritte auf dem Waldboden. Bastian späht nach unten und entdeckt einen Jungen. Der ist groß und kräftig, vielleicht schon zwölf oder dreizehn. Und ist genau der Junge, der ihn am Samstagmorgen in der Siedlung angestarrt hat! Auf der Schulter trägt er einige Bretter. Zielsicher kommt er zur Eiche.

Bastian streckt sich flach auf dem Boden aus. Unten legt der Junge die Bretter hin. Dann strafft sich die Strickleiter, er klettert herauf.

Genau in dem Moment, als sein Kopf über dem Boden erscheint, schreit Bastian: „Halt! Wer bist du?"

Der Junge erschrickt so, dass er fast abstürzt. Wütend schreit er zurück: „Bist du verrückt? Soll ich mir was brechen?"

Bastian fällt auf, dass der Junge die Worte
komisch ausspricht. Ist er vielleicht nicht
von hier?
Schnaufend klettert der fremde Junge
hoch, hockt sich neben Bastian und flucht:
„Das hab ich alles für dich gebaut. Und
du?"
Bastian knurrt: „Du hast mein Buch
geklaut!"

„Nicht geklaut", erwidert der Junge. „Nur ausgeliehen!"

Bastian mustert ihn. „Woher kommst du?"

Der Junge erklärt: „Wir wohnen erst seit Kurzem hier. Ich heiße Julian Miller."

„Miller?", fragt Bastian erstaunt.

„Klar!", sagt der Junge. „Miller wie Mehl."

„Ach so", sagt Bastian. „Du meinst Müller!"

„Sag ich doch!", erwidert der Junge und hält ihm die Hand hin. „Und wie heißt du?"

„Bastian", sagt Bastian, gibt ihm die Hand und fragt: „Hast du alles allein gebaut?"

Der Junge nickt. „Ich habe schon einmal ein Baumhaus gebaut. Zu Hause im Kaukasus, wo wir früher gelebt haben. Da gab es auch Wölfe im Wald und Bären."

Bastian staunt. „Richtige Bären?"

„Klar", sagt Julian. „Und richtig große!"

Bastian denkt nach. Schließlich fragt er:

„Warum hast du hier gebaut?"

Julian guckt auf den Boden. „Ich habe noch
keine Freunde. Wir sind erst seit zwei
Monaten in Deutschland."

„Hm", meint Bastian. „Du sprichst aber
schon gut deutsch."

Der Junge lacht: „Ich lerne gerade mit
deinem Buch. Willst du es zurück?"

Bastian winkt ab. „Das kannst du noch behalten."

„Prima!", freut sich Julian. „Was machen wir mit dem Baumhaus? Weiterbauen?"

„Klar!", sagt Bastian lachend. „Wir sind ja noch nicht fertig, oder?"

Da lacht auch Julian und sagt: „Klar!"

Das Wunder von Glückstadt

Glückstadt ist die glücklichste Stadt der
Welt. Hier gibt es die schneeweißesten
Zäune, weil sie jeden Monat gestrichen
werden. Die Straßen sind blitzsauber, denn
die Einwohner fegen sie dreimal am Tag.
Die Häuser sehen alle gleich aus.
In den Gärten darf das Gras genau fünf
Zentimeter wachsen und die Bäume vier
Meter, und keinen Millimeter mehr!

Wenn die Leute sich treffen, sagen sie
nicht „Hallo!" oder „Guten Tag", sondern
„Mir geht's gut!".

Egal, wie oft sie sich schon am Tag
gesehen haben, dauernd rufen sie: „Mir
geht's gut!" Und dabei lachen sie!

Wenn zum Beispiel morgens beim Bäcker
fünf Leute sind, schreit jeder jedem zu: „Mir
geht's gut!" Und wenn dann ein neuer
Kunde kommt, geht das Schreien und
Lachen wieder von vorne los!

So sind die Leute hier, und sie sind
glücklich so.

Deshalb haben sie auch eine hohe Mauer
um ihre Stadt gebaut, damit niemand
dieses wunderbare Glück stört.

Und die Kinder? Die sind natürlich die
allerartigsten von der ganzen Welt.

Sie springen nie mit ihren weißen

Kniestrümpfen in Pfützen herum. Und sie
klettern niemals auf Bäume. Deshalb
können sie auch niemals herunterfallen.
In der Schule haben sie selbstverständlich
die allerbesten Noten. Und auf den
Schulhöfen und Spielplätzen liegt kein
einziger Papierschnipsel. Niemals schreibt
jemand mit Kreide an eine Wand: „Max ist
doof!", oder: „Berti liebt Bianca!"

Doch mit einem Mal ist alles anders. Und das hat mit Peppino zu tun. Eines Tages ist er einfach da. Keiner weiß, wie er in die Stadt gelangt ist. Manche sagen, er sei auf einem weißen Elefanten dahergeritten, mit einer Jacke und einem Hut wie ein Seeräuber. Andere wiederum sagen, er sei mit einem Fallschirm samt Feuerwerk vom Himmel gefallen, mitten hinein in den Kastanienbaum.

Man ist sich nicht einmal einig, wer Peppino eigentlich ist: ein Kind oder ein Erwachsener, ein Zauberer oder ein Pirat, ein Lügner oder ein Clown? Vielleicht ist er von allem etwas und von nichts etwas richtig?

Auf alle Fälle stimmt, dass er das Haus vom alten Rinaldo geerbt hat.

Und schon am ersten Abend schaukelt Peppino in Rinaldos Kastanienbaum.

Besser gesagt, mit Decken und Bettlaken
hat er eine Hängematte in die Kastanie
gebaut. Darin schnarcht er so laut, dass
der ganze Baum wackelt.
„Unerhört!", schimpfen die Glückstädter.
Aber vor allem die Kinder staunen und
ahnen, dass durch diesen geheimnisvollen
Peppino etwas Unerhörtes passieren wird.

Peppino schnarcht weit bis nach Sonnenaufgang. Dann hört man ihn den ganzen Tag sägen und hämmern und singen und lachen. Und bevor die Sonne untergeht, stehen alle Leute fassungslos am Zaun.

Peppino hat nämlich ein Baumhaus gebaut. Aber nein, das stimmt nicht! Er hat mindestens vier oder fünf Häuser gebaut, in jedem der Bäume im Garten eins. Die wiederum hat er alle mit Strickleitern verbunden, mit Kletterseilen und schaukelnden Hängebrücken. Türme haben die Häuser und Ausgucke, Maste mit lustigen Bändern, sogar eine schwarze Piratenflagge flattert im Wind.

Peppino selbst springt über die Strickleitern, Seile und Brücken von Haus zu Haus.

Dabei lacht er und ruft: „Kommt her, kommt hoch! Es ist viel schöner, in Bäumen zu leben!"

Die Polizei sperrt die Straße ab. Und die Leute rufen im Chor: „Verschwinde, Peppino, du zerstörst unser Glück!"

Doch schon am nächsten Tag klettern die ersten Kinder heimlich über den Zaun und in Peppinos Baumhäuser hinauf.

Und jeden Tag werden es mehr. Sie klettern und schaukeln, sie lachen und spielen, flechten bunte Bänder in die Bäume oder lassen Luftballons in den Himmel steigen. Dabei werden ihre schneeweißen Kniestrümpfe dreckig, manche reißen sich sogar ein Loch in die Hose. Doch sie sind gar nicht unglücklich darüber!

Natürlich schimpfen die Eltern, sie betteln

und drohen. Doch alles vergebens.
Schließlich geben sie auf und bieten ihren
Kindern an, auch Baumhäuser zu bauen.

Den Rest könnt ihr euch denken. Das
ganze Leben im glücklichen Glückstadt
verändert sich völlig. Die Leute streichen
nicht mehr dauernd die Zäune oder kehren
die Straßen.

Sie rufen nicht mehr: „Mir geht's gut!"
Sondern sie reden richtig miteinander.
Auch lassen sie ihre Bäume hoch in den
Himmel wachsen.
Irgendwann stürzt sogar die Stadtmauer
ein.
Da kommen die Leute aus dem ganzen
Land. Sie haben gehört, dass es in
Glückstadt die meisten Baumhäuser gibt.
Und deshalb leben hier nun auch
die wirklich glücklichsten Kinder
der Welt!

Rittergeschichten
978-3-401-70133-2

Piratengeschichten
978-3-401-70082-3

**Freundschafts-
geschichten**
978-3-401-70074-8

Vampirgeschichten
978-3-401-70077-9

Jeder Band: Ab 7/8 Jahren • Kurze Geschichten • Durchgehend farbig illustriert
72 Seiten • Gebunden • Format 15,9 x 21,1 cm

Mit Bücherbärfigur am
Lesebändchen

Kurze Geschichten zu einem
Thema für fortgeschrittene Leser

Hoher Illustrationsanteil

Fibelschrift

fließen, teilt die Wellen, schwimmt und gleitet
um die anderen Wasserwesen herum.
Und Schluss! Und Beifall und Juuu-Rufe.
Und abtanzen.
Eine kleine Gruppe aus großen Mädchen
bleibt zum Umziehen neben der Bühne.
Mama kündigt einen Pausenfüller an,
während Illa und die anderen sich in Tiger,
Löwen, Affen und Bären verwandeln.
Aber . . . der Tüll! In der kalten Luft werden
Illas Finger klamm und steif.

14

Der Tüllschweif verklemmt sich. Oh, nein!
Illa zerrt und zupft. Die anderen sind schon
fertig aufgestellt. Illa steht immer noch im
Nixenkleid da. „Jana, hilf mir!"
Jana versucht es, aber der Tüll verklemmt
sich nur noch mehr.
Die Musik setzt ein. Gleich muss Illa als
Tiger auf die Bühne springen. Egal.
Sie zieht einfach das Tigerkostüm über
das Nixenkleid. Jana stopft den Tüll, so gut
es geht, ins Tigerfell.

15

Innenseite aus »Ballettgeschichten«
ISBN 978-3-401-70050-2

In mehreren Geschichten für geübtere Leser zu einem attraktiven Kinderthema gibt
es viel Spannendes und Neues zu entdecken. Alle Geschichten sind von bekannten
Autoren.

In Zusammenarbeit m
westermann